edition suhrkamp 2101

Christian Lehnerts formstrenge Gedichte sind fragile Gebilde, die genau jene Stille erzeugen, in der sie wirken können. Nicht zufällig laufen viele der Texte, deren Themen und Sprechweisen einen weiten Bogen spannen von der Antike bis in die Gegenwart, vom Christlich-Abendländischen bis hin zu jüdisch-arabischen Kulturen, immer wieder auf Fragen aus. Der junge Dichter lauscht unserer Welt Antworten ab, mit Präzision und Sinn fürs Detail; und er scheut nicht den weiten Blick, das Pathos. Einen Sonettenkranz kann heutzutage niemand unbefangen riskieren; wenn Lehnert dies tut, zeigt das, wie sicher er sich seiner sprachlichen Mittel ist.

Christian Lehnert, geboren 1969 in Dresden, studierte Religionswissenschaft, Orientalistik und Theologie. 1995 erhielt er den Förderpreis zum Leonce-und-Lena-Preis, 1998 den Dresdner Preis für Lyrik.

Foto: Frank Höhler

Christian Lehnert
Der Augen Aufgang

Gedichte

Suhrkamp

edition suhrkamp 2101
Erste Auflage 2000
© Suhrkamp Verlag Frankfurt am Main 2000
Erstausgabe
Alle Rechte vorbehalten, insbesondere das der Übersetzung,
des öffentlichen Vortrags sowie der Übertragung
durch Rundfunk und Fernsehen,
auch einzelner Teile.
Kein Teil des Werkes darf in irgendeiner Form
(durch Fotografie, Mikrofilm oder anderes Verfahren)
ohne schriftliche Genehmigung des Verlages reproduziert
oder unter Verwendung elektronischer Systeme
verarbeitet, vervielfältigt oder verbreitet werden.
Satz: Jung Satzcentrum, Lahnau
Druck: Nomos Verlagsgesellschaft, Baden-Baden
Umschlag, gestaltet nach einem Konzept
von Willy Fleckhaus: Rolf Staudt
Printed in Germany
Erste Auflage 2000

1 2 3 4 5 6 – 05 04 03 02 01 00

Vielleicht beginnt ein neues Reich,
Der lockere Staub wird zum Gesträuch,
Der Baum nimmt tierische Gebärden,
Das Tier soll gar zum Menschen werden.
Ich wußte nicht, wie mir geschah,
Und wie das wurde, was ich sah.

Novalis, »*Der Frühling*«

I

Der Augen Aufgang

Hast du nicht bemerkt, daß, wenn jemand einem anderen ins Auge blickt, sich ihm sein eigenes Antlitz in dem Augenstern des Gegenübers wie in einem Spiegel zeigt, weshalb wir auch den Augenstern »Pupille«, das heißt Püppchen, nennen, weil er gleichsam ein Bildchen des in sie Hineinblickenden wiedergibt?

(aus: Alkibiades der Erste)

Wir sehen jetzt durch einen Spiegel in einem dunklen Wort; dann aber von Angesicht zu Angesicht.

(1. Brief des Paulus an die Korinther 13, 12)

Aus den Löchern, die der Westwind in den Nebel riß,
drangen Kegel schwarzer Strahlen. Wer die Leere schaute,

vergaß sie, und zu suchen, worin die Nacht vernarbte,
blieb sinnlos: zeitabsaugendes Plasma Morgen. Der Tag

rinnt über das Gebirge, Erscheinung eines unvollendeten
Sees, Steinfalten, dunstiger Spiegel. Sah ein Auge auf,

das schon der Wind zerteilte und verschwimmen ließ
zu einem Punkt, der sich verlor in so vielen möglichen

Welten? Ersann der Regen auf dem Wasser Formen,
die nach Namen suchten: Zellstern, Orbis, Samen?

Noch erhellte nichts, warum dich ein Gedächtnis faßt:
quellender Kern und sein verneinter Tod, wogende Ruhe.

Es dröhnte im Inneren der Rohre. Im Spiegel weitete
sich ein tiefes Wasserloch: nervös irrende Pupille,

sie verdoppelte dich rechts – ein Vogel in der Wildnis,
im runden Sumpf ausgebrütet und nicht den Konturen

der Erde zu entwöhnen, Blasen, sehend andere Formen
als bisher, Schlamm zu kneten. Ist es derselbe hinter

verquollenen Lidern? Noch nicht alarmiert, nicht einge-
bettet ins Versprechen der Wiederkehr seines Schattens?

Caput mortuum eines Traums mit annähernd
menschlicher Zunge, flüsternd (dieses unverständliche

Flügelschlagen, behorchter Schlickboden, durchbohrt,
verhornt, vergrindet): Substrat welchen Experiments?

Verzerrte Töne, Zink und dämmendes Mauerwerk
sangen im Akkord. Ich hörte, zusammengerollt unter

der Decke, leise Präludien der Angst, Rumoren
im Leib, zuckende Lider, wie Uhrschalen verklebt.

Noch murmelte, in Seitenlage installiert, einsam ein
schlafloses Gedächtnis weiter: *thanatos athanatos* ...

Eine vergessene Handschrift tauchte auf, ein Leiden,
nie überwunden, physiognomische Zyklen, die wie Hilfe-

rufe in die Nacht fuhren. Schon lauerte ich auf jede
Gestalt, im Traum verfolgt, erkannte ich nichts wieder

von mir, nur den schnellen Atem. Zu matt noch, mich
aufzurichten, stand doch die Richtung fest: weg ...

Wie ein Anfang, leise Verschiebungen unter Ausschluß
des Denkens. Störche flogen über dem Krater auf,

zurückzukehren in welche Gegend, welche Erinnerung?
Ich sah nur die hohen Reihen taufrischer Latten

wie Maschinengewehrläufe vor dem aufgerissenen Mund
des Erdreichs, Fäule, Déjà-vu. Sie hießen mich kauern:

ein Loch, Vokal einer Brache, mit trüben Flüssigkeiten
vollgelaufen, worin gleichmäßig Blasen zerplatzten,

nichtssagend. Es barg einen Sog, sich schlängender
Wurm, dem ich folgte: die Anzeige über dem Laufband

am Terminal stand auf ein Uhr (Zufall im nicht zufälligen
Stromkreis), unveränderlich zuckend, zeitlos im Gang.

Heb die Feder vor die Lippen: regt sie sich? Weht eine
Thermik oder atmest du, über der flirrenden Schlucht

immer scheuer? Nester aus verdorrtem Gras, Nester aus
weichen Fischgräten – das Kreisen der Adler, stundenlang

ohne einen Schwingenschlag, lag dir zu fern. Du hieltest
dich im Stehen am Grat, unter Zucken der Arme:

gab es einen Grund? War er haltbar, der Riß, in dem
Hänge und Hirn sich beschlichen, zwischen Salzflözen,

zeitlichem Schlecken des Wassers, erahnter Schwere-
losigkeit im Mark? Aufrecht zurückgelassen, flüsterten

die Gelenke Routen, apotropäische Laute: da geht ein
Weg, er führt in die Tiefe, in der Tiefe jedoch ist er weg.

Wo bin ich gewesen? Um den unterirdischen Bau, aus dem
Morast gewühlt (nichts existiert, was keinen Namen trägt:

Jericho, ein Schacht aus Lehmziegeln, für den angreifenden
Regen offen), schwirrten Schnaken wie Pfeile jagender

Nomaden. Ameisen schütteten Steinkreise vor dem Schutz-
wall auf: Abbildungen eines Magnetfeldes? Aus der Tiefe

sucht dich der wache Blick einer Tonfigur (Knochen im
Inneren geordnet: warum noch tot?) So weigerten sich

unruhige Stimmen, deinem Diktat zu folgen, streunten
durch schlammigere Schichten: sie fanden sich zusammen

zu einem langgezogenen *O* (»ich sei«), ein Lichtstrahl,
aus der Leere, in die er sich stürzt, aufsteigend als Reflex.

Durch Kehlen, Basaltrippen strömte der Wind, der jetzt
Sand verschlingt und sich errötend zu einer Akazie legt.

Zwingender scheint hier die Kraft der Gestirne, Stunden
währt es, bis in trockener Kälte eine Wunde gestillt ist,

Gestein ihren Stamm umschließt: ein Körper ohne
Seele, denn sie verzweigt sich in ihre Seele, verharztes

Erinnern aus nur einem Laut. Jede Hand erschlafft,
die zu fassen versucht, was unfaßlich ist: Hohlräume,

erstarrtes Kreisen, worin einst Zeit war, Atmung und
Durst. Ohne Grund für ein Hirn ist nur Rinde gewachsen,

ein endliches Grau, in dem Zelthäute hängen, wandernd
mit dem Schatten ihres löchrigen Schirmes in die Ebene.

Über Karstrinnen, vergrast, in triefendes Öl gestrichen,
stieg ich Mauer um Mauer in ein dunkles Leuchten: durch

Schluchten, tiefer zurück, als der Blick eines Späteren
dringt, zog pendelnd ein Hirte, grub Höhlen, den Kopf

in wulstigen Krusten versteckt. Noch tausende Regen-
zeiten,
bis Baal Samen auf den Teller der Erde gießen wird, Vieh

sichtbare Habe sei, Wiedergekäutes, Röcheln. Hier fänden
wir verbindende Namen, Verbwurzeln: Tiere nahen,
lecken

Windhalme auf, hecheln Windhalme, von roten Nüstern
(Mondsicheln) in enger Bahn befeuchteter Staub. Eins

aber verharrte bei einem Jungen, als Farbrest am Rand
einer Ikone, diesige Wärme, die bis an meine Stirn reicht.

Dies ist der Tagesanbruch und seine Rechtfertigung:
ein dunkles Gewölbe und kahl, bis auf die eigenen

Schatten. Sie wachsen im Raum, der selbst wächst?
Weil die Wände Schädelformen eines Fötus bilden?

Du sahst das Morgenlicht auf gekalkter Grundierung
schwimmen, zwischen Säulen zum Himmel verengt:

ein schwebendes Ovum, Sphärenschnitt, Schräge.
Tau rann über schimmelnden Putz. Hier fiel die Apsis,

verwittert, ins Leere zurück... Halbschlaf der Farben,
wo die Augen Namen fanden: *Creatio ex nihilo*?

Das Bild war nur noch ein Loch, mit einer Ziffer
bezeichnet, als sähest du es jenseits seiner selbst.

Du suchst weiter: was verbirgt sich hier? (im Anblick
verwitterter Lettern, zurückgetragen in den Stein,

Ephemeres in uralten Kerben, vertieft in das Licht
der Morgensonne, die dauernd wie eine trübe Atem-

spur an der kalten Scheibe des Himmels haftet):
keine Antwort. In exakten Kristallen ist alles

bestimmt. Auch die Worte haben ihren Gefrierpunkt,
glatte Flächen, Schollen unter Null. Wo für dich

kein Gefühl mehr ist, kein Ausdruck, werden mühsam
vereinzelte Zeichen entziffert, Wächter zeitloser

Rätsel, Namen vielleicht, die längst mit dem
Wind wehen, vom Frost aus den Zeilen gesprengt.

Ich bin allein, die Sätze sind allein. Alles andere gehört
den Ameisen auf ihrem langen Weg zur Schwelle. Was

muß ich morgen essen? Als deckten spinnenfeine Fasern
die Risse, lag doch immer etwas offen, Kalk, Flecken,

ein gewisser Kopf (frierend, in windigen oder zweifelnden
Worten, die vergeblich auf mich warteten). Alles kostet

Kraft. Jetzt stehe ich fest vor Scheiben, Schalen (selbst-
redende Vermutungen: draußen irrten scheue Tiere

vorbei). Ein Gesicht wächst als weiße Insel im Agar.
Noch kenne ich wenig davon und niemanden. Könnte

denn einer, geheimnisvoller als ein Betrachter im Glas,
die Spuren von Versprechung oder Tötung erkennen?

Stetiger Durst, nicht nach Wasser: nach Gleichmaß –
Fliehkraft und Welle eines kreisenden Rades. Sie liest,

und es ist der Mond, der die Flüssigkeiten anzieht, Tag
um Tag, atme ich hilflos, ein Meer im Gezeitenwechsel

(die Seiten weiterblätternd, ich muß nicht nach-
denken). Ihre Hände ließen das Geschirr auf dem Tisch

wie Verbandsstoff zurück, stocherten in loser Asche,
Demiurgen. Wie eins das andere durchdringt, ein

Schmerz das Denken verändert, sagte, mir zum Bilde,
ein leeres Couvert. Sie weint, bestehend in den Zeilen

vom Noch-nicht, Nicht-mehr. Lichtverlust, abends
kehrte verlängert als Schatten sie zurück, Persephone...

Die Fähre war leer. Die Deiche verharrten an ihrer
Grenze: November, kürzere Tage, Frost. Auch solide

Körper verkämen ohne Wurzeln, krankten an der Zeit,
saugten Nässe und drehten sich flink über Untiefen,

modernde Stämme. Du sagtest, Haut an Haut sei
schon Bedeutung an sich, wie die lautlose Bewegung

des Schiffsrumpfes an einem Drahtseil. In griesliger
Strommitte war auch die Witterung der Venus kein

Beweis mehr, das schaukelnde Dreieck einer algen-
bewachsenen Boje. Ich sah niemanden, sah dich an –

eine warme Scheibe, die mich festhielt als den
Schatten eines Strudels, ein Oval aus weißem Schaum.

... dann wieder wirkte es wie die Gegenwart zweier Körper,
bevor sie aufhören, sich zu bewegen, als nahten ihnen

die metallischen Hänge, anthropomorphe Umrisse, die
sich ablösen vom Horizont, sie leckten Kaltgewordenes

von den Lippen, Tropfen, Namen oder die Konjunktive
vager Begegnungen nach Jahren, die feste Verbindungen

noch zu erkennen gäben, folgenden nachgingen, unsicher,
ob das nun harter Asphaltboden sei oder eine flüchtig

an sie gepreßte Staubwolke, die doch kaum diese feinen
Gewichte, zugefügte Zärtlichkeiten trüge, denn unter der

Hand verwehten poröse Flächen wie die Spuren sauberer
Motoren, die sicher jede Beschleunigung beherrschen ...

Diese Mitte war gesetzt und weitete sich: verstrahlte
Halden, ein Schacht, kilometertief, bis es wärmer wird.

Tötender Theseus, so schwankt die Kabine mit dir
ins Gestein. Ein leichter Druck auf den Augen, ein

erster Gang, der seine dunkelste Seite entblößt: dich –
Double einer Wasserlache, absorbiert von Angst,

kopierten Mutterreflexen, Drahtseilen. Du krochst mit
dem Rücken zur Wand, wuchsest aus den Schatten wie

ein T-Träger, der sich dem Griff der Schwerkraft beugt,
ein rätselhafter Abdruck auf einer Schicht Sediment,

Probestück eines Körpers. Daß du nicht tiefer fuhrst,
woher wußtest du damals bereits, daß es falsch sei?

Man hat mir ein vages Stück Land gegeben, das ich
wenig betrete. Jedoch ist gesagt, daß es ein Sterben gibt,

das mit dem ersten Atem das Hecheln teilt. Erdschollen
drifteten stetig fort, Meeresströme folgten ihrem

Eigengewicht, Zeit. Irgendwo wäre immer der nässende
Punkt zu finden, die schwarze Madonna, entstofflichte

Perspektiven in den Bildern. Heute sah ich einige
trockene Steine wieder, dieselben vor Jahren, in einem

Licht, das ich von einem undatierten Augenblick an
denke. Splitter einer Felswand, die sich langsam vor uns

ebnet, ich folge den Schwankungen dieses Wortes, mein
Kopf ist genauso leer wie ein Krater vor der Lawine.

Angebrochene Hälse von Stroh, Balkenstümpfe, der
reine Zauber war jener Abriß, der stündlich Decken

zersägte, verschob über dröhnenden Unterböden,
Hirnschalen des Abendlandes. Wer verging? Wie viele

spürten das Surren von Strahlen um die zahllosen
Fragmente, das Reihen, Vermengen, Vergittern im

Traum? Wo ein Loch den Kreis bestimmte, die Zellen
und Zysten, war ich geortet am Schnittpunkt von

Kurven, Graten von Säule zu Säule. Als plötzlich
das Gewölbe sich öffnete, leuchteten Sternbilder auf:

ich sah hinaus wie aus jenem Haus, wohin ein Gicht-
brüchiger, hinabgelassen, Vergebung erfuhr und floh.

Bis in die vordersten Linien der Bänke war der Zug
vernietet in vorläufige Bilder: Weichen, Schweigen,

öliges Gras. Sag, Mensch, mit deinen blutdicken
Fingern, diesen Raum um dich, diesen ungeheuren

Raum, fühlst du ihn auch? Die Lippen erodierter Erde?
Oder bringt ein Tachometer allein die Geschwindigkeit

zum Leuchten, leicht rötlich: ein blinkender Stern?
Sprich schnell, bevor dieses Kind über den Gang naht,

ein Gefährt aus Blech hinter sich herschleifend,
nickende Tiere, die mit ihren Tentakeln weit

in die Luft fassen, von einem Surren begleitet,
das beharrlich bei mir unterzukriechen versucht.

Sie blinzelt – ein flackerndes Gesicht wie Tageslicht
auf einen klaren See gegossen. Wir denken über

das Gewöhnliche nach: wie Farne sich öffnen, wie
Lurchen wuchernd die Glieder nachwachsen, wie

aller Sekunden diese lichtblinden Augen aufscheinen,
Hände mit bläulichen Fingern im Baumwollschnee,

in Bambushütten, Kacheln, nackte Füße, als wüßten
sie von Flächen, auf denen alles verstanden wird,

selbst dieses atmende Land fließender Milch.
Sie bewegt sich, eine feuchte Sukkulente. Jeder

Moment schien erschreckend offen: eine dünne
Stimme zog sich einen Körper an und lief davon.

Ob es schmerzt, über Jahre schräg zu wachsen,
immer wieder vom Fenster abgewendet, wo der Reif,

die Wolken und was anderes weiß scheint, draußen,
die Dinge in Schatten bergen, lösen im Licht?

So unveränderlich Fiktion zu sein, Abbild der Erde
in einem gebrannten Topf, hieße alles in Bedeutung

zu tauchen ... wie im Kinderglauben, daß ein Falter
sich in den Traum eines Menschen verwandeln könnte,

der mit offenem Mund schläft. Er träte ein, sähe die
hohen Gemächer, versteinerte Namen und flöge durch

die Ohren fort. Doch mein Blick bleibt an Salzkrusten
hängen: *Finis terrae* zu welchem imaginären Ozean?

In zuckenden Geschlechtern, in den jahrelangen Küssen
klammernder Lippen, in aufgewölbten Linsen vor einer

eiförmigen Höhle, aus deren verkarsteter Öffnung Fühler
ebenso weit nach vorn äugten wie ins Innere, Zyklonen

aus Kalk, in Ausscheidung, Gier und Entspannung, fiel
ein anderes, als Abbild, in mich ein, wie ich in anderes.

War es, versteckt, die weiche Zunge eines Tieres, Muskel
barbarischer Verben oder der unerschöpflich quellende

Laich des Sumpfes? Ein Gleiten ins Leere: Spasmus
und Sinn? Unter dem Sagen, das stirbt, und dem Un-

gesagten, das sterben wird, ahntest du Loch und Versteck,
aus dem Leben drang, mit feinen, empfindlichen Sinnen.

Ein Erinnerer läuft, gepanzert eine Kugel schiebend,
über runde, krustige Felsen: niemand sonst hinterließ

einen solchen Blutstreif über der Küste. Wie von selbst
schlossen sich die Augen, denen sich die Sonne nicht

zeigte, ohne sie mit Licht zu füllen, Quallen am roten
Lidrand des Meeres, von ihr im Aufgang erschaffen. Du

wurdest angeschwemmt, mit ersten Lungensäcken, ans
Trockene: kein Regenbogen, kein Nebel erhob sich vor dir,

nur heißer Föhn, bis du im Dämmern aufrecht gingst,
horchend riesigen Bränden nach, Explosionen und ihren

Echos, die tagelang blieben, wie im Gehirn das Bild
eines Käfers, der seinen Kot über den Himmel schob.

Im Lichtkreis eines Sterns, im Schatten, den meine
Sprache wirft, laufe ich über einen dunklen Spiegel,

Lagunen, Tümpel von Salzwasser, die nicht abfließen
können, gerichtet auf keine Perspektive. Ich sehe

nichts geschehen, doch Verschiebungen ... vage,
an der Hand des Kindes, seinem Zeigefinger,

seinen gefundenen Namen: ist etwas an seinem Ort?
Wellen, die in sich selbst zerfallen, ahmen sich nach,

indem sie sich erfinden, geben, was sie empfangen –
Antiphon der Flut, die vom Ufer schweigt. Du mußt

die kalten Quarze auf die Stirn legen, um so klar
zu denken wie die Venusmuscheln und die Tange.

II

Wir

*(ein Fastenzyklus, nach Aufzeichnungen aus
einem anonymen Tagebuch)*

*... Und gab weiter, was er empfing: selbst
der härteste Stein kann zerfallen, nur der Meißel
muß die ihm eigene Neigung finden, daß Splitter*

*spitz in die Ferne weisen, beschleunigt und gelehrt
zu lassen, was am nächsten ist. So ward der Kern
gesucht, der spiegelnde Kristall im Inneren, Leere...*

(1939)

Einschneidend, glatt, zerbrechlich ... Dieses Los teilte,
was er durchschauen konnte, abgründige Sicht. In seiner
Glaskugel, Monade und Auge, war Schnee ein dunkler
Stoff, von Bewegung getrübt – drei Figuren, wandernd
durch den Sturm seiner schüttelnden Hand. Doch sei Glas
immer noch mehr ... ein unhörbares Schwingen wie Wind-
geheul, ein Schmerz ohne Wunde, Flüssigkeit, in der
das Tageslicht sich bräche, daß Ränder wie Böschungen
abfielen nach allen Seiten. Hier gingen die Figuren
weiter – unbeirrt, klar und einfach. Ihr Ziel sei Glas:

erhärtetes Flammen unter dem Nullpunkt, Krümmung
von Verlust zu Verlust, meinte er, schwarze Uniformen
kämen den starr vergrößerten Pupillen am nächsten –
durchsichtige Löcher, durch die sie weiterzögen (nicht
einmal wie Schachfiguren erklärt durch eines anderen
Denken) nach einem äußersten, festen Spiegelbild ...

(1940)

Über dem hohen Portal, im versickernden Licht, sei
das Firmament blau abgeschreckter Stahl. Die Flußhänge,
sandig, besetzt mit eingegrabenen Baumrohren. Bis
Sternschnuppen fielen, er, gebannt von ihrem Willen, der
Traum ergebener Planetoiden sei, er selbst im Verglühen?
Doch hetzten Christbäume ihn auf seine eigene Flucht-
bahn ins Erdreich. Glocken atmeten schnappend im Sog

der Gravitation:... Hier galten Stunden nichts, weiter
nichts, sie zu verbrennen, würde endlos dauern, denn da,
ohne Schwere, auf schwarzem Grund sind sie... Anders,
als die Nadel heimischen Gesang in einen Riß ins Dunkel
psalmodierte, *Oh du, Oh du*... war nichts mehr faßlich,
wo diese Öffnung sich weitete, *fröhliche, selige*... Nur
die Kerzen ignorierten den Zerfall, Licht ist Licht, ob
Fläche oder Raum. Ein Mensch? Beherrscher dürrer
Hände, streichelnd Kinderschatten an der Kellerwand...

(1943)

Atemfeuchtes Dröhnen einer erdhaften Sprache, die
ein einziger Treffer auslöschen könnte, zu Leben erweckt
in geregelten Kettendrehungen. Er hielt auf ein verborgenes
Ziel zu, saß eingeschweißt in seiner Höhle: ein Asket.
Niemand wußte von ihm, niemand sollte von ihm wissen,
bis er zu schweigen begänne im Unbewußten dieses Hirns
aus Zündung, Sensoren (die ihm zur Aussicht verhalfen,
wo nichts mehr zu sehen war). Ob Russe oder Deutscher
bliebe unklar, bis das Radar jene Gestalt erfaßte, die
noch im Tiefschlaf Stellungen räumte, wo endlos im
Fallen jeder Raum verschwand... Urknall der Zylinder,
stotternd von frühester Ausdehnung, präexistent oder

einfach eine Masse aufgeworfener Teile? Lange im
Äther belauscht: welch ein Vorgang, wie ein Loch sich
öffnete (nie genug für das Wort *logos*), diese körperliche
Ohnmacht zu trösten – es ist nichts, keine Angst...

(1946)

Und litt an Einbildungskrankheiten, das Erbarmen
mit den Gewächsen führe zu spiralförmigen, immer auf
denselben Punkt zurückführenden Nebeln – ein grauer
Kittel, Hohlwangen, ununterscheidbar, strebten dem
Moor zu wie ein Wellensystem ... Was nur hieß, daß
auch er ein Segment geworden sei vom wehenden Gewebe,
an dem die Haut sich reibt, zu Säcken vernähte Fahnen.
Ein Ausweg? War von Drähten markiert, bis dahin,
wo ausgegrabene Steine zu werfen waren (Pronomen
sich lösten, wie Ringe über das flache Wasserloch
zogen, allein um eine Straße weiterzuführen) und er im
Zentrum der Bewegung, erschöpft, keine Zeit mehr fühlte,

nur ein Staunen, da seine Augen seine Augen schauten.
In dieser Weitung im Sumpf, als Licht sich auftat, er
gebannt auf gewölbter Fläche stand, war kein Erinnern,
nur Gesang – ein Psalm auf Reinigung und vage Heimkehr.

(1950)

Hier wäre der Himmel wie Bleiglas ... Was soll Blei-
glas heißen? Wie Asche? ... Die Natur ertrug
keine Namen mehr. Die spiegelnden Geröllsplitter
brauchten sein Gedächtnis nicht. Ein Vogel stürzte
über ein Meer aus Basalt – glitt zurück, bald
zog er Kreise, stets fügte er sich selbst in ein Muster,
wiederholte nichts. Niemand könnte seine Route lesen.
Fallend? Atmend? Löste er Lawinen? Seine Exkremente
nur bildeten Inseln für dichtes Flechtwerk – Leben,

wachsend an einem Ort, unter der Bahn des Großen
Wagens, westwärts entlang von Lehmdächern, Erd-
höhlen in der Steppe, an einem Ort, wohin einzelne
elektrische Drähte führten, an einem Ort, wo Algen
ihre Sporen ausstreuten, bis Lava erneut die eisige
Feste löste, wie das Auge eines Mammuts sich öffnet,
einem Ort, mit dem Morgenlicht erhöht, versunken ...

(1952)

Ein Blatt mit dem griechischen Text des Vaterunser,
ein graues Käppi, Schulterklappen, über ein löchriges
Brustbein abgerutscht. Die übergroßen Krallen eines
Kriechtiers, als Abdruck im Basalt. Daneben rätselhafte
Fasern von Federn, in sich verhakt. Eine Marke aus
Metall mit Nummern, Zeichen, Jahreszahlen ohne Trauer.
Im Magen angedautes Gras. Vom Anfang allen Anfangs
(was stünde auf dem nassen Zellstoff in der fest ver-
nähten Tasche am Hemd?) zu sich selbst sprechend:
b-r-sch-t... Nichts als Buchstaben, Flüsse eines Körpers
im Frühjahr, bevölkert von Mückenschwärmen, Flechten,
fransend in lebloses Gestein. Eine Konstellation von
Einschlüssen und Kristallen, Vakuolen oder Parasiten...

Doch warum für tot erklärt? Was war es?... In einem
Brocken Eis über dem flachen Erdölfeld, durchsichtig,
wie Vergessenes im Gedächtnis aufsteigt, im Schlaf...

Postkarten aus Dresden

(Elbhafen)

Vergrast, die Zunge streckt sich in den Schlamm
am Ufer, wie ein langes »l«, ein Laut
seniler Ruhe. Warm wischt uns ein Schwamm
von braunen Wellen Spuren von der Haut.

Wir ähneln Vögeln, die im Dickicht hausen
und ihre Bahn vergessen haben – innen
ein fremdes Echo der Geräusche, draußen
das Atemrauschen. Durch die Glieder rinnen

die Intervalle, Nächte, Tage, hell
entstanden aus dem Nichts. Applaus entfacht
Gebüsch. Kein Anhaltspunkt für uns – so schnell
ist Licht in Glas geblasen und verflacht

auf Scheiben, Stirnen, blanken Kühlerhauben,
vervielfacht in den Scherben auf Asphalt.
Der Himmel unter uns flieht mit den Tauben,
und über uns kreist leblos ein Basalt.

(Zwinger)

Das abgegriffne Mauerwerk ist kalt
wie ein Gehirn, von Menschen abgewandt.
Wir schauen aufgeregt durch einen Spalt
auf nackte Nymphen: Haut in Fels gebannt,

ergraut im Frost, die Brauen abgeplatzt.
Die Schritte hallen wider in dem Bauer,
wie eine Nadel auf der Platte kratzt,
zurückspringt, weiterkratzt ... Was hätte Dauer?

Ein schwereloser Kopf? Das Karussell
des Landes dreht sich, du steigst aus und ein
am selben Fleck – ein helles Echo, schnell
vergessen, plappern Lippen im Gestein.

Das Kronentor steht golden vor dem Nichts.
Ein Fisch starrt aus dem Eis, bis es sich löst.
Nur Atlas wehrt sich, brüchig, des Gewichts
der Kugel, die er endlos von sich stößt.

(Galerie Alte Meister)

Die blasse Venus fügt sich weich den Händen,
sanft gegenwärtig im Quadrat aus Gold.
Es wuchern Scham und Haare an den Wänden
wie nackte Flechten. Steter Nässe zollt

Tribut die Fläche: Leiber in Pupillen
gesaugt und fortgeschleppt, wie in das Eis
Sibiriens, in Bunker, Bodenrillen.
Du spürst das Herz des Rehs im Öl, das weiß,

wie Pfeile treffen, und am Bildrand flach
vor Sinn im Dunkel ruht. Kennt es noch mehr
als Flucht, als dieses Hecheln, viel zu schwach,
um Bissen zu entkommen? Ephemer

bestehen Dinge – Vasen, Schädel, Schalen –
im musealen Dämmern, und im Stau zerfällt
der Raum, wo nichts mehr gilt als Namen, Zahlen,
da Zeit zunächst an Lebendes sich hält.

Spuren

(eine Winterreise nach Osten)

I

Dörfer folgten, die in sich verharrten,
Memorialbauten, Kopien
in farblicher Genauigkeit. Was Jahre
für Wunden bedeuten, die
schneeverwehten Drähte für den Blick, das Perfekt
für das Empfinden, würde hier zum Graben selbst:
Sichtschlitze,
wie das Knochenmark für ewig junge Zellen, brachen
scharf das Morgenlicht zu den Spektren
eines langen Gitters... Als du näher kamst, hing
dein Schatten immer dunkler als Rest
an vereisten Sockeln. Drohte ein plötzlicher
Angriff auf die gesetzten
Selektionen aus dem Vergessen? Wie schwelender
Rauch zu Kohle erstarrte,
die zu Glut zerfiel, und das Auge,
was du nicht schnell genug auslöschen konntest,
Menschenschlangen, als Zahlenstrahl erfaßte...

2

So klar kann ein Augenblick nicht sein: der
Felsstumpf stünde allein,
dicht in seinem Wesen, erstarrt bis zum Grat
in sich selbst. Ein tonloses Aufbäumen
nackten Gesteins, das sich
nach seinen kosmischen Ursprüngen sehnte,
Wirbeln aus Gas. Die sich mühsam fest-
klammernden Erlen wußten die Verkrümmung
jedes ihrer Zweige. Krähen,
Folgen aus Krallen und Gefieder, verschlangen
im Aufflug, seitlich, das Licht – als sei
ein Quecksilberröhrchen zersprungen, war
der Boden der Nacht
überrollt von kleinen Linsen,
Sterne in unendlicher Zahl aus ihren Ziffern,
wie das funkelnde Geröll, ionisierte
Felder, Gott oder du selbst den Vorteil ziehend
aus ihrer Ähnlichkeit mit Nullen, nichts.

3

Mit wachsender Geschwindigkeit werden
die Träume klarer: Samenkapseln,
dem Gegenwind verfallen, suchten das
Erdreich, bis filigrane Skizzen
an der Frontscheibe wucherten... Farne,
Bärlapp, verwilderte Gärten.
Nur Ferne verhinderte auf der Geraden
die Enttäuschung, ihr Ornament: diese
Funktionen feiner Details im Eis
zögen andere Lebens-
linien, Wechsel – aus Punkten, kristallin,
wo dein Atem erschiene,
erhieltest du unschwer weitere Spuren,
zwischen Ursprung und Bestimmung,
erschrocken, daß
auch dort dir schon Indizien, wie lang
du starr sitzt, im gezeichneten Harsch
begegnen...

4

Ergäbe sich die Neigung der Spuren im Schnee,
abgeflacht, die unbehausten
Blicke über Stümpfe, die als Kiefernarmee
die Baumgrenze überschritten (wo ein fernes
Gewitter kaum hörbar flackerte),
aus der steten Wiederholung deiner Schritte? . . .
Heimkehr eines Zitats: deine Finger
hinterließen auf der Klarsichtfolie eines Passes
nur Nässe. Das schnelle Sprechen
über Jahre, das den kommenden Atemzug
nie verstand, gehetzt, ohne zu hören, als sei
ein fremdes Leben auszulöschen, irrte
nun diffus in einem Niemandstreifen: er trennte
gewissenhaft ohne Rest . . . Nur ein Sperling
zum Verscheuchen sei zu sehen,
wie ein Schriftzug, dessen Buchstaben fehlten,
dem nur eine Bewegung angemessen schien,
das aufgeregte Flattern im Kreis.

5

Nirgendwoher, über ein Schotterfeld,
folgte dir bei Tagesanbruch
ein Hund. Als schwarzes Bündel, bei Nacht
zusammengerollt, warfst du ihm Brocken zu,
wenn dich hungerte. Immer
gereizter nahm er die Spur auf zu dem,
was als nächstes geschähe, bettelte
nach deiner Stimme, sich zu ducken aufs Wort
unter Stacheldrähten, Zwängen einer witternden
Anima, die solche Animalität
im Schattenriß erfand. Als ob ein früheres
Spiegelbild mit schwerem Blick vom Boden her
dich träfe, erzwang der Schreck,
nicht mehr zurück zu können, die virtuelle
Flucht nach vorn... in den Schneisen
von Schleppern? Wie die Druckwelle eines Jets
lockte der Mond zum Überschlag -
vom Hund zum Wolf, vom Hecheln zum Atmen.

6

Der verschneite Krater. Die Kellerbögen, wie
erdige Ohrmuscheln, voll Sturm-
gesänge. Die ins knorpelige Gewebe der
Dämmerung versenkte Birke, als Astkreuz,
durch Pupillenlöcher an einen Schuppen
genagelt? Die ansonsten vom Lid
umschlossene, ausgezackte Wölbung: Horizont
aus Metall? Anvisiert: immer noch schärfer,
daß es ohne Schmerz endete,
sich zu lösen. Ein zerrissener, aufgeweichter
Wintermantel... Diese Reste,
die im Dunkel lagen und sich erhellen sollten,
wie in einem Spiegel: sie hielten dich
faßlich, eine Fußspur in die Stille
des Schnees, wo kein einziger Laut den ersehnten
Atem versprach, Vergehen keine Wiederkehr.
Was deine Haut fühllos machte, seien
Einzelheiten, treibend in ihrer reinsten Form.

7

Noch ruhte in der Kuppel der Geruch
einer dichten Menschen-
menge. Unter rissigen Fresken,
Schichten von Engeln verborgen, nah
dem Schwerpunkt nasser Höhlung, stünde
ein Steinblock, ein Rad
mit vier Speichen, Quadrat
der reinen Elemente, dessen Enden
die Abendsonne verzerrt... Gott, gehörnt
wie ein Widder, sklavisch sich fügend
zur Form: Altar oder Stumpf
einer Ikonenwand? Wo ein
Säugling strampelte, verblichen im Licht, in
den genauen Proportionen der Erwachsenen,
sich gierig nach allem streckte,
was kam, wurde dir klar: umsonst
suchten eiserne Bänder das Gewölbe zu halten,
stündest du aufrecht, noch immer, darin...

III

Golf

I

Baumleichen, Gleichnisse,
keine Karten mehr, seinen Ort zu wissen, um
von sich zu wissen, ein anderer
denkt ohne Unterscheidungen. Dampfende
Hälse, hundsköpfige Wesen zu sehen, war leicht,
wie gegen den ewigen Wind zu urinieren,
sich als Derwisch
zu drehen, Masken belebend, aus Eingeweiden
die richtigen Namen erahnend. So ergäben sich
Pausen, Intervalle, in denen allein
die Strömung trüge. Fühlbar, daß die Luft
über wenig Lebendiges gestrichen, Schläge,
Schlieren flacher
Atemzüge ... das himmlische Kind
biß ins Haar, ins Gesicht, duldete nichts
neben sich
als das weite, unergründliche Lachen
des Meeres. Festgelegt
auf Instrumente (wie da Vinci seziert), war
alles Organ, selbst
die konvexe Flut, als Wiederkehr des Glaubens
der Ägypter an eine Erde als Kugel.

2

Die Fläche schwoll an, hallte nach, schläfrige
Detonation der Gezeiten... Ein Echolot,
nachts, zeichnete
Lichtpunkte auf, die am Augenhintergrund
flackerten wie Sternbilder. In sensibleren
Skalen war ich,
nach innen, Untiefe und Es. Aber die fremde Haut
des Meeres gluckste und
tickte, ein Dauergeräusch,
wie Nieselregen über Kohleglut geht, waren
Ätiologien, Menschenpaare
auf Suche nach dem günstigsten Sender... ob mich
mein Name noch nennt? Schwankend
hinter nassem Glas,
ahmte ich (unfähig, jemanden auszulöschen,
hervorzubringen)
die Schwingungen der Wellen nach. Was geschah,
geschah wieder,
weiter zog sich Zenons Strahl,
in der stetigen Beschleunigung der Schrauben...

3

Hier, in der stierenden Blende der Iris lag
ein Segment des imaginären Himmels,
hier,
mag der Betrachter immer wieder sagen
zu jenem schillernden Ölfilm, hier
liebten gepanzerte Boote den Wasserdruck,
tauchte ein unbekannter Bruder
aus dem Krater der Pupille. Schäumende
Schamblätter der Wellen,
Bohrtürme, leckende Laute. Er
wacht über den dunklen Limbus
eines Meßgerätes,
unsichtbar und sichtbar – das Zucken
der Zeiger hauste über der dunklen Blase
des Ozeans. Rispenfeine
Glieder,
feiernd das Gesehene,
glitten Zahlen mit der Strömung, als suchten sie,
was es bedeutete... eine fremde
Stimme erkannte
Formeln wieder, Gischtkämme und Strudel, es klang,
auf den Saiten des Regens intoniert,
wie ein Psalm.

Mundus patet

> Da spielte der Heilige Geist ein gar süßes Spiel vor
> dem Vater und sprach den Vätern zu: wir wollen nicht
> länger also unfruchtbar sein, wir wollen ein Reich
> erschaffener Wesen haben ...

> *(aus den Visionen Mechthilds von Magdeburg)*

I

Grotte der Najaden ... entwurzelt im Wind
wehten Laute, als Totem umschlichen, das Fühlen
leer: Flechten von Anklängen, Algenbewuchs in

städtischen Brunnen, Wellen der Ägäis aus Chlor
und Schaum. Unvorstellbar, wie der früh vermißte
Odysseus hätte wissen können, wo er sei, morgen-

verstört, in grellem Licht, taumelnden Chiffren:
Heimkehr, *Ithaka*. Ein Muttermal, warmer Asphalt
waren die einzigen Spuren: ... zwei Augen in Sicht-

höhe, Erschrecken, wie verschwindend wir seien,
wie Segeltaue von Zugluft abgetrieben, rätselhafte
Näherungen, die keiner von uns verstand, dergestalt.

2

Es folgten Tropfen jeder Bewegung unserer Blicke,
aufgezeichnet mit langer Belichtungszeit im Dämmern:
waren wir draußen oder drinnen in der versiegelten

Vitrine? Gefäß sprudelnder Quellen? Ungefülltes
in gläsernen Einfassungen, wie in Spannung oder
erschöpftem Schlaf wir mit den Zungen vernarbten,

kreisförmigen Wellen nachgingen, in tiefer, dissonanter
Wucht lauernde Samen in der Nässe aufbrächen... *Über
den Wassern*... nichts Festes, sondern Metaphern, Höhle

der Sophia, in der das Leben, Pupillen in Pupillen,
begann: dort, die Aufwölbungen, das kalte Kondensat
auf der Haut des anderen, das seien unsere Personen.

3

Verführung war es, was uns verbarg – ein träger,
dunstiger Mund, Magma, erkaltet in frischen Erdwällen,
Finsternis und Strom, der sich ein Bett gräbt, aufleckend

die beständige Flora, Moose, Gräser, deren Samen
der Wind herantrug in das Terrain unserer Imagination.
Wir lägen in einem Gewächszelt wuchernder Pflanzen,

Äffchen in weichen Polstern, strähnige Ruder hin zu
Lavazungen rauschend, zu schwarzem Kies, von einem
knorrigen Olivenbaum bewacht. Wieviel Blöße uns hier

traf, spiegelte sich im Auge Gaugins im Auge Boschs
im Auge eines anonymen gotischen Tabernakels: *hoc est
corpus* ... verwandelt in die ölige Mandel des Fleisches ...

4

Wir berührten uns nach geheimen Worten. War es nicht
der empfindlichste Teil, um den Begierden sich scharten?
Im Spiel von Silhouetten reger Finger an den Wänden

einer endlos wiederholbaren Höhle? Daß Katzen draußen
wie Säuglinge schrien, war genauso eine Täuschung: wir
fänden uns nur in einem fernsten Seufzen, dem, wohin

du nie gelangst. Verdoppelter Laut eines Sinns, verdichtet
im Dickicht von Schatten, ersten Namen: »Jetzt« sollte
für immer ein Heimweh heißen, »Du...« das Versteck

der Zungen. Wer benannte die Zeit: »Allem Lichtschein
folgt Dunkel...«? Nur wer mit dem Sehen brach, sähe
ungewollt die kreisenden Farben im Urmeer, erste Zellen.

Petra

> Die Hauptstadt der Nabatäer ist das sogenannte Pe-
> tra, denn sie liegt auf einer zwar übrigens gleichmäßi-
> gen und ebenen, aber rings von Felsen umschlossenen
> Fläche, die auswärts schroff und steil abfällt, nach
> innen aber reiche Quellen sowohl zum häuslichen
> Gebrauche als zum Bewässern der Gärten enthält.
> Außerhalb ihrer Mauern ist meist wüstes Land, be-
> sonders gegen Judäa hin.

> *(Strabo, Erdbeschreibung, 16. Buch 779)*

(Sik)

Blindes Auge, Hallraum des Ohres im Dunkel, ein weicher
Schädel, weiter reichte allein dieser feuchte Gang, daß
etwas sei. Du fühltest nur Stein, diffuses Gewebe, zur
Stele geformt: ... *Dieser Gott ist tot. Das Vergessen
zoomt wie ein Fernglas des Wandernden Iris auf ein
rundes Nest von Kristallen zurück, Schilder und Schemen,
kondensierend zur Klamm, zum zerklüfteten Ovum ...*
Nichts verriet, wann die erste Verschiebung traf. Gerollt
in Moosblättchen, von Kurve zu Kurve in härteren Zug
gepreßt, war zwischen Haaren geklammert dein Gesicht
bald ein vager Reflex, aus Furchen, Wällen, Hilferufen,
nach Jahren durch Namen ersetzt: ... *O Dushara,
Dionysos, Du ...* Doch als faßten Gummiklauen aseptische
Zangen, flohen Schlangen vor dem Beben, bis die Höhlung
platzte, ein Blitz Sand in die offenen Augen trieb: du
warst geblendet, wie das, was verlosch, doch zurückblieb
als das, was verlosch, eines Namenlosen Kenotaph ...

(Grabtempel ed-Deir)

Bis zum Felsrumpf ed-Deirs, wo sich seine Becken-
                       knochen
aus dem Sand stemmten, stiegen die Stufen wie Särge
auf einer Lafette herauf zum gesichtslosen Kopf Obodas –
oben, im Staubdunst, der rot verkrustend das Gedächtnis
umkleidete, ein zerfasertes Hemd. In brennenden Wirbeln
nach Luft ringend, wo Heuschrecken fromm den Leib
zum Boden eines heißen Tontrogs krümmten, vernahm
ich die Stimme eines Beduinen: *Iß! Eine Labsal . . .*
Das Steinbett aber war beweglich zwischen Schläuchen
aus Eichenstämmen, am Tropf schlammigen Regens. Und
mein Gehirn unter den Wellen schlieriger Wolken
                       bezifferte
unaufhörlich die ausgegrabenen Geräte des Griechen
                          weiter,
der nach der Schlacht aus Obodas Schädel Splitter heraus-
las wie die hauchdünnen Scherben einer Schrifttafel . . . Um
schließlich mit seinem eigenen Atem zu versuchen, Wärme
in die Rinde zu hauchen. So ging der beißende Nordwind
über das Plateau, gleichmäßig wie eine Lungenmaschine . . .

(Römisches Theater)

Abgeschnittene Fingernägel, widersinnig in der Orchestra–
außer der Krümmung ist dem Theater seine Leere genug.
Gäbe es nicht Fehlendes, Namen in ausgebrochenen
Zeilen (römisch? nabatäisch?), die du, wie den deinen,
vergessen würdest im langsamen Gleichschritt der Zellen…
Doch seien die Ekstasen der Strömung, die pressende
Hitze in Rissen, Staub, der ins Tiefe sickert, behindert
von Treibgut: Säulenstümpfe und Fasern, Unterschenkel
aus Basalt, gerötete Augen – sie starren in Brownscher
Bewegung, dx-codiert, beharren auf Punkten in hehrer
Dichte. Ist irgendwer zu sehen? Tote nur, reglose Torsoi
von Männern, Frauen, betastete Steine. Wie sich blasse
Flechten verzweigten im Karst, wie die Finger der Geckos
sich in die abgeblätterte Kopfhaut zerfallender Götter
krallten, in der Ahnung, daß auch ihr Recht zu sein
nicht weiter trüge als der einzelne Windstoß übers Geröll,
schrillte ein menschlicher Mißklang: *Wartet auf mich!*

(Sandgefäße eines Beduinen)

Früher, jetzt und danach, zwischen aufgeschnittenen
Siglen der Zeit im Grabungsareal B, einer Tempelruine,
wo die Abszissen schlanker Wirbelsäulen und Mazeben
in Beben zusammenfielen mit dem rieselnden Dauer-
geräusch betender Stimmen, flach gestreckt vor den
ausgehackten Nischen des Nachtlichts. Das allein
überlebte seine Brechungen, falls diese Strahler noch
Gestirne zu nennen seien, unter dem Atemzug
Gottes – ein Name, den du nicht kennst, röchelnd
aus der Wüste, stets anders und einer: Was war es?
Jemand sammelte in Höhlen Sedimente und Kiesel,
schichtete in Gläser farbige Schlieren, goß Gesichter in
Wellen, in singende Dünen – verkapselt in Scharlach,
Englischrot, Türkis, sah er Wesen aus Ton oder Versen,
dauernd unter klaren, immer verlöschenden Namen,
verschwimmenden Körpern, in der rinnenden Qual
des Windes schuf er Bilder, unaufhörlich Bilder ...

(Opferplatz Zibb Atuf)

Am Tag, an dessen Anfang die Abendsonne geht, eine
Spiegelung über der Wüste, wird die Rinne bewegt von rot
schillernden Wellen sein und das Augenpaar, gehauen
in den Basaltblock, menschengroß, dann wie zwei Adler
im Schatten. Mit dem Föhn entschwand das Flimmern:
ein Tier verklebten Fells, mit glasigen Pupillen... oder
war es dein eigener streunender Blick, nervös, der seine
Höhlung verließ, ohne sie jemals zu verlassen – ein innerer
Raum, der kaum angetippt, im Gehirn expandierte und
zusammenfiel in einen Brocken dichten Gesteins? Wer
weiß, wer aller Sekunden die Lider schloß und verschied?
Wer diesen Schnitt zwischen Blutkreis und Kopf
auf dem Steintisch setzte? Wessen Gabe für wen? Du
erinnertest die Schrift der Schlangen unter den Malven,
die lautlose Flucht der Geckos, Rätsel jenes langsamer
werdenden Pulsens, seit Jahren, ein Dunkel, nicht zu
durchmessen: einmal hält es dich für immer hier fest...

Drei Vitrinen im Israel-Museum

I

Seit Geburt krankheitsanfällig an den Gelenken, wo
die Bronze in die Beine sich
verdünnt, (gibt es dort drinnen Sauerstoff?) sei
sein erodierter Penis eine grünliche
Übertragung
vom Leben in den Tod. Zwischen den Wölbungen
gummierter Glaskanäle aber, dunstig pulsierenden
Farbovalen, beim Eindringen
der Blicke in das Glas Nummer 1, geschähe
plötzlich, für Sekunden, eine Paarung:
des Vergessens und jener, die,
vorübergehend,
Bilder in bestimmten Gehirnfeldern
verglichen, Sinn beherrschten,
rhythmisch stürzende Flüsse an entspannten Ganglien
hinab, die Namen gaben und glaubten
an Strömungen im Denken, Wellen der Erregung, genau
wie er als Stier
einst Gott war, dann Exponat...

Sprachfasern auf trockenem Grund, Klebstoff
nahtlos rangezoomter Hälften eines Schädels,
von innen, hoch-
montiert (wen hintergeht hier die
Zeit?): ... in der ersten
Steppe soll die Last einer Axt
flüssig ins Gedächtnis gegangen sein, jemand sich
verflüssigt haben
in dem murmelnden Spalt... doch in zwei-
geteilter Sphäre,
weiße Schneisen im harten Riß,
war kein Röcheln, kein Laut verborgen,
nur im Anfang,
wie der poröse Stein eines Pfirsichs,
Tod. Du aber, zuvor oder danach,
konntest dich nicht erinnern,
wer Kain war, und wer Abel...

3

Lichtreflexe, Einblicke, kaum zu durchdringen,
wie rußige Platten sich über-
lagern: Wellblech,
Affenschädel, Pflaster, antike Gläser, Haut, es
gibt noch mehr... Reste,
die den Körper aufrecht halten
und verbrauchen, ein langwieriger Arbeitsgang,
bohrend von innen:
Physis, Mensch, Europäer... nur ein Säuglingsschrei,
der vor Hunger aufsteigt,
ist noch kein Grund
für die stete Bewegung, den blinkenden
Zeitstrahl: hat sich ein Schaltkreis
geschlossen?

Gebärbett, Wüste am Djebel Serbal

I

Und hätte keinen Atem, keine Seele, wäre unentrinnbar,
zerrieb uns. Ungerecht war das Gestirn, vorgestellt

in der flachen Schale des Horizonts, ein Gebärbett,
trockener Mundraum. Schwarz gerann der erahnte

Text seines wehenden Schleiers: allmählich sich
öffnendes Gewebe aus Wolken. Violette Blitze bissen

wie Zahnreihen in den Sand, schmolzen verästelte
Siliziumstränge auf dem abrutschenden Hang, in

sich selbst zerfließenden Abhang. Wo er Gestrüpp mit-
riß, fing ein drehender Tanz an, rotierte um eine leere

Mitte... dieses Trommeln, wie ein Kopf, verklebten
Haars, talgig in einer Öffnung auftauchte, verschwand,

erneut auftauchte. Lauter: Erde (gefühlt, gesagt,
fleischgeworden), so brachen Keime in dem Graben auf,

Tage nach dem plötzlichen Erguß... seit Anbeginn
fallend, läge ein Findling dicht überwuchert im Geröll.

Sandhügel, versengt vom Andringen der Silben, ins Tal:
die Erdkruste sei eine tote Sprache, Aschehaut eines

Opfers, zur Sühne dessen, der schweigt. Ohne Antwort
krümmte sie sich in Krater, vernarbt von Erfrierungen,

geschunden, ein blutiges Sickern durch Hohlformen aus
Mergel, bräunlichem Sediment im periodischen Strom,

aufgerieben von den kreisenden, khakifarbenen Horden
des Passats. Dürstend nach Nässe senkte sich Leere

in den Mund. Du fielest ununterbrochen in diese Leere,
fielest, ohne zu fallen, erblicktest Augen, die eigene

Dinge ersahen, geweitet am Ende von Klüften:
Quellen oder Seraphim? Sprudelnder Schlamm?

Allein die Hitze triebe die Haut auf zur Unkenntlichkeit,
bis zum Riffligwerden, zum Flimmern in veralgten

Senken: ein Fötus bewegte die Lippen im Frucht-
wasser, zwischen Gräten, Dornen, losem Sand ...

Ostraka

(Bettelnde Kinder in Bethlehem)

... Alles ging schnell, wie ein Brummen im Halbschlaf
    erhob sich blindlings ein jedes gegen sich
selbst, Intervalle sich öffnender Gitter, tropfende
    Gefäße eines Erdhügels. Wars Musik? Wie
dürre Finger gespannte Därme streiften, ein Locken,
    wo doch Dunkel war, aus hölzernen Boxen er-
stehend, eine hämmernde Sequenz, *Hunger*... anders:
    gutturales Branden aus basaltschwarzem
Kehlloch, in das scheue Körper zurücktauchten, und
    erinnerten sich nicht, daß sie (vollkommen
diffuses Hallen, in dem sich jeder wiedererkennt, in
    Druckwellen, anbrandenden Menschen-
strömen) dasselbe schon einmal so getan hatten...

(Gärung)

... Doch zugleich das Raster einer Prüfung, ob du siehst
   in der Alchemie der Bilder, wie Essigfliegen in
kollektiver Betäubung zuckten, im Spiegel der
                             Wandungen,
   in bohrenden Röhren die zerstörten Gesichter der
anderen ... Hätten gläserne Flügel menschliche
                             Einsamkeit
   angenommen, zitternd über zähen Oberflächen,
blinkend aus der Tiefe einer gärenden Galaxis? Doch was
   du bei Tageslicht als Blick dahin steuerst, ergäbe
erneut nur eine fragile Scheibe, zwischen dir und
                             Dunkel ...
   Ist Sterben der einzige Weg nach außen?
Führte eine Helligkeit nach innen, verengte die irrende
   Iris, Substrat von Gallerte und Vergessen,
unerkannt, ein Kreis, der kreisend sich auflöst, worin?

(Wüstenwanderung)

... Tastend, mit den Zehen, in äußerster Schlichtheit –
   Gehen, Gehen, nach kärglichen Flecken,
Pflanzenspuren in der Einöde, über wulstigen Brocken
   Basalt – war es, als bewegte sich etwas
Festes, Tag und Nacht, wie ein drehendes Projektil einen
   vagen, kaum meßbaren Wärmefleck suchte, mit
wachsender Geschwindigkeit auf dich zu ... Unklar
                                                jedoch
   woher und wozu, durch daumendicke Krusten
von Salz und Narben, ergraute Lavazungen, unversehens
   jenes Fremde nahte, Nebelspirale oder Feuer-
säule? Zum ersten Mal fühltest du des Planeten Schwere,
   ein Oval, das sich neigte, bei jedem weiteren
Schritt hinab zu dem brodelnden Auge des Gebirges ...

(Abendmahlsikone)

... Zeitliche Verschiebungen, ohne daß sie es bemerkten –
   wie nebenbei griff eine Hand auf einen Kopf,
die knöcherne Legende vom Begreifen. An Schädelnähten
   verzweigten sich Druck und Entspannung, wie
Salz und Essig im Inneren eines Tieres. Finger hoben
   den Kelch, Nägel nachgedunkelt (anatomische
Skizzen, die in Leere übergingen: Fett-, Schimmelflecken
   am Rand). Jemand zöge die Zunge über was?
Ein Kuß?... *Gott ohne Körper. Keine fallende Maulbeer-*
   frucht, sondern trockene Brösel, die sich
in Rissen sammelten... Auf der Suche nach Erinnerung
   würde meist noch etwas gefunden: gestocktes
Eiweiß z. B., Zähne, in den Nerven Gleichstrom...

(Beduinisches Frühjahrsritual)

... Ein schwerer Duft, der zum Kern führte, ins Innere von
    Kränzen gepflückter Kräuter, flache Schädel
umspannend – Spiralen, die grabende Körper erdachten
    wie der Sturm Sandtrichter aus Erosion
und Gier. Sie lehrten, was ihre Vorfahren lehrten, im
    allerersten Glanz des Lichtes nach den Winter-
böen, der Witterung zu folgen, dem seichten Föhn, Gras
    riechend, Dung, dichte, dampfende Wolken des
Thymians. Bis der feste Grund rutschte: ein grünendes
    Loch, das die Stimmen der Begrabenen frei-
schwemmte, in Pfeilspitzen, Versen, hunderten verlorenen
    oder durchjagten Jahren... Und Kränze zu winden,
Ringe aufsteigenden Atems, bezeichnend wessen
                        Erwachen?

Unruhe

Unruhe bewegt die Blätter. Unruhe hat mein Rädchen
erfaßt. Selbst unter dem leise erregten Putz ist Unruhe.

Hastig trage ich das Kind zu Bett. Das Wasser fließt
rascher aus dem Becken, als es sich sammelt, der Erde

verfallen ... Auf dem Bildschirm die Grabmale kannst
du nicht mehr erkennen, schon gleichen die neuen Geröll,

dem der Sprecher das Wort umsonst sagt. Unter dir das
Beben der Mauern, die Erweckung der Toten: *Steh auf!* ...

vernebelt ein Blick auf die Uhr. Ich verfehlte, zitternd,
den einzelnen Schatten, das frühe, glasgefaßte Dämmern

dieses undatierbaren Tages. Hunger wird ausgelöscht.
Unruhig füttere ich den dunklen Körper im Spiegel.

(Dresden, an einem Karsamstag)

Ich erlernte das Sprechen ohne Mythen, Mundraum
der Wellen, lauschte einem langen Nachhall. Und hatte

keine Antwort, nur die wieder geschah ... Als Feuer
die festen Schachteln fraß, wo wie Gabeln Zündplättchen

klirrten, flüsterte ich. Als in gefluteten Kellern Taucher
kreisten, gab ich Antwort. Geweckt, ein stockendes

Brummen in der Tiefe (für den, der an Fundamente glaubt,
Halt, sonst zerknautschter, verschraubter Stahlbeton),

der Boten aschegeschwärzte Haut. Ein Möwenschrei
ahmt die Laute meiner Kehle nach: »Hier!« schwebt

das Gedächtnis, als Sensor, wie ein russisches Torpedo in
schlammigen Gängen. Keine Umkehr. Erinnerung voran!

(Prora auf Rügen, ein Palimpsest)

Mein Verhältnis zum Fluß trennte uns. In Mäandern,
mit zäher Strömung, trieb mich der Sog, das Land

fortzuschwemmen, auszuwaschen das warme Gerinsel,
harte Grinde der Ufer, neben zwei Vogelschatten, an

dem ohne Ende gedachten Gefälle. Ich sah vom Schilf-
rand hinab: die Luft schien fiebrig, infiziert von stetig

wandernden Strahlern, blinkenden Grüßen ins All...
Seit wann verglüht? So ließ die Aussicht, als Halde,

die Augen zurück, weil sie im Sehen störten: vertikaler
Horizont von Brandmauern, sixtinisches Schweben, an

Kellern gestoppt, des Vergessens wegen, fuhr ich fort,
wo jedes Fremdsein stets sich selbst das nächste ist...

(Dresden, Landnahme)

Ich habe keine Worte mitgenommen, denen ich glaubte.
Lautlos, in die Ferne, bin ich Laufbändern nicht gefolgt,

wie an Raupengespinsten durch Terminals zu schweben.
Ich habe keinen Befehl gehört, keine Äthernachricht

verstanden. Der Nacht der Kinosäle fremd, wurde ich
von der Sonne nicht behelligt, nicht vom plötzlichen

Wiedererkennen erleuchteter Gesichter. Ich habe mich
nicht mit Ruhe gefüllt, mit Namen, Gräsern und Geld …

Ich habe keine Vögel aus dem Sumpfdickicht der Götter
gefangen, keine Fische aus den Lagunen … ich bin dem

Bild in seiner Erinnerung nicht in den Weg getreten …
ein Luftzug nur, beim Schließen automatischer Türen.

(Enlightenment in Kairo, nach dem »negativen Sünden-
bekenntnis« im ägyptischen Totenbuch, Kapitel 125)

Einzelnes war Kristall oder Wachs, einzelnes Morast,
Brutort der Wechselwarmen, kotiger Eier, einzelnes

blühte aus feinen Pollensäcker, unersättlichen
Sonnenfeldern, einzelnes nahm noch einmal das Fieber,

doch wurde nichts unerläßlich. Du sprachst von Falten
im Gestein, branntest über dem Gezweig schlauchiger

Finger, in toxischen Schwaden, ein Stoff, dessen dunkle
Unterseite sich beult. Den diesigen Spätsommer, deine

überreife Haut mochte ich sehr, doch sickerte langsam
Schlaf aus den Mundwinkeln. Holundersaft und Metall,

ich atme sie, gleichermaßen fühle ich sie quellen, sich
öffnende Schamblätter, über denen die Tage verstreichen ...

(Lichtung, am Wocheiner See)

Der rote Blinker wippte, eine Zunge, Dreizack,
verhakt in Algenfasern, sich schlängelnde Zeilen:

... hier spräche nicht einer, der gesprochen hat, sondern
sprechen wird, daß man finde seines Namens Erwähnung,

er preßte den triefenden Körper aus, befreite ihn von
allen Worten, ob er unbekannte Sätze hätte, ob er wüßte,

was andere nicht wissen, was keine Wiederholung sei...
wie im flachen Kanal das ruhende Wasser erbebte, im

Gleitflug einer Sehne erneut ein Schlitz hinausliefe an
den Lidrand des Sees, wie eine schattenlose Spieglung,

Licht des Himmels und seiner selbst, der Bahn der
Sonne folgte, nachzuahmen, was sie immer schon sah...

(Nilarm, nach Chachaperesenebs Klage)

Auf dem Zaunpfahl am Gartenende saß eine Krähe.
Der schwarze Kopf leicht geneigt, war ihr Gedächtnis

zerstäubt, ersetzt von weichem Werg, ihr stetes
Gleichgewicht entkernt, daß sie dauerte. Der Zerfall

aber setzte sich fort, im Verblassen der Farben,
Sträuben der Federn. Träumte aufrecht ein Körper

die Wiederholung seiner selbst? Den Bodensturz?
Ein dunkles Gegenbild hockte ängstlich davor,

flatterte hoch, kehrte zurück, flatterte. In diesem
Spiegel sah es nichts – vergaß, wo es sei, vertraute

Schatten? Erst nach Tagen, folgend dem Schnee,
ging es auf in einem Schwarm über den Fluß...

(Elbauen, Kenose)

IV

Lichteinfall

I

Wie Nägel in den Gliedern Gottes, Streben
in einem Dach, das westwärts kriecht, wie Bohlen
sind Nebel aufgeschichtet. Hier erheben
sich Flammen, wehen über auf die Molen,

die aufgewühlte See? ... Ein lecker Tanker?
Die Explosion von Gas aus vagen Tiefen?
Die sich im Auge festhakt wie ein Anker
und Kreise zieht, die blendend weiterliefen,

bis du die Lohe schautest, Leere, nichts?
Du sagtest: »Festland ...«, sahst, wie es im Drehen
in Brand geriet, aus Brechungen des Lichts:

ein Kern, von dem du abgeschmolzen bist?
Als Teilchen oder Innenraum, zu sehen
in einer Höhlung, die verschlossen ist?

II

In einer Höhlung, die verschlossen ist:
ein Gang voll Moder, Moosen ... nah am Grund
schwankt lotrecht Zink. Verkrustet an dem Rist,
sind dir von Wurzeln, Draht die Hände wund.

Du lauschtest Eimern, die an Winden fallen
(von nassen Brettern abgeschirmt) ... so schief
wie ein Signal, das flieht, wie Quarten hallen,
verzerrt ins Tiefe ... wo dich, wer denn, rief?

Du folgtest Tümpeln, in den Schlamm gescharrt,
Pupillen, die dich blindlings als Vergleich
in ihre Mitte setzten, angestarrt:

ein Doppelpunkt? Ein Kopf? Zwei Lider schweben
vergrößert in den Wellen, Haar und Laich ...
siehst du ein Ur-Herz, Zellen sie ergeben?

III

Siehst du ein Ur-Herz, Zellen? Sie ergeben
ein Nebelkammernbild – das Kondensat
von Jets, die still sich ins Arkanum heben
(da das Wort *telos* in den Hirnstrom trat).

Vom Ursprung fort, strahlt weißes Licht und bricht
an Grenzen sich: der Zeit, da die Geschosse
auf kein Gedächtnis mehr, auf kein Gesicht
sich stützen können, nur den Ölfilm, Trosse...

Ein Flimmern? Wo am Bunkerloch Gestein
zurückläuft in sich selbst, doch mit ihm schwindet
Distanz: ein Tier im Schußfeld? Widerschein

der Angst, die selbst den Abstand zu dir mißt?
Ist eine Stimme da, die jenen Körper findet,
den virtuellen Raum, in dem du bist?

IV

Den virtuellen Raum, in dem du bist,
beschreibt das Double eines Pfeiles: du
berührst ihn nicht, durchschlägst ihn – eine List
der Scheiben in der Nacht? ... *Nun geh zur Ruh,*

die Körper zwängen sich ins Schwarz schon, richten
die Arme auf und sinken in die Sterne,
Medusen ihrer Feuchtigkeit auf dichten,
verträumten Atemmasken, schwere Kerne

in einem Tageslicht gewohnten Meer...
Gibt es denn noch Verbindungen nach außen?
Ist Sehen nur ein Tröpfeln? Ist da wer,

der diese Flugbahn kennt, die Luft pro Mille
geplatzter Träume, die im Druckraum hausen –
die stete Öffnung, Weltall der Pupille?

V

Die stete Öffnung, Weltall der Pupille:
du siehst ein Flackern auf den Essen Gas
verzehren, siehst die Kinder auf der Zille
der Wiese treiben, meerwärts. Doch das Gras

liegt nur am gelben Rand noch in der Sonne.
Sind es denn wirklich Feuer? Oder Mohn?
Ein lückenloser Bahnsteig? Die Kolonne
Verschwundener in einer Selektion

der Netzhaut: Mäntel, Körper? Diesen Grund
verdeckt ein erstes Bildnis: »Ich« geschieht
als Kopf auf Füßen, seinen Orbis rund

umfließend, daß ... du siehst: die Farbfigur,
die einst zu dünn und durchsichtig geriet –
du spiegelst sie wie eine Korrektur ...

VI

Du spiegelst sie wie eine Korrektur –
die Nester aus Geröll im grauen Schlamm
der Gletscherhänge, fließend, die Fraktur
des Tages, worin schräg die Sonne schwamm.

Ein warmer Flaum, gesträubt, vom Hals ab heller,
versteckt: Imago eines Eis – als Wort
war Schnabel vage in dem Ursprung, schneller
verschwunden als ein Angstschrei, fort und fort

das Land benennend: *hier* ... war niemals hier.
Umtanzte Gräser: *hier* ... die roten Kehlen,
die es zu stopfen gilt, sind Kerne, ihr

gedachtes Feld: das All ... in einer Rille
gefroren, nachts, im Spiegel schwarzer Wehlen,
zu einem Bild, in einem Bilde, Stille.

VII

Zu einem Bild, in einem Bilde: ... Stille
ersann den Weg, in deinen Augen mich,
wohin sie gingen ... war es wessen Wille,
der einen Kiesstreif sah, den Abhang? Wich

das Flußbett vor sich selbst? In eine Hecke?
Den Laubmäander? ... Rauschend rinnt er, blind
verschlingt er Efeu, Krüppelholz und Quecke –
ein trockenes Verströmen, mit dem Wind

vorahmend: uns im Wasser? Daß es naht?
Dein Schatten streckt sich, schwankend wie ein Floß,
im Metrum schrägen Regens. Schroff, der Grat

wird dunkler ... bis du Fläche seist, Schraffur.
Du faßtest mich und liefst ins Dunkel los,
da nichts mehr da war als die Steinfigur.

VIII

Da nichts mehr da war als die Steinfigur –
ein Fuß, in seiner Ferse senkrecht schon,
im Schritt doch abgebrochen ... Apertur
im Fels? Erhellend ein Profil aus Ton?

So war ihr Gang, gerade in die Düne,
bezugslos, in sich selbst gesehen: Ruhen.
War abgerollt der Kopf der Mnemosyne,
zum Alphabet im Sand? Basaltne Truhen

erinnern Dinge, die ein Mensch einst trug
auf seinem Zug entlang der Achse: Zeit –
als Zählung, die ein Beben längst zerschlug.

Indem der Tote anderen entschwand,
entstünde erst, mit sich, die Ähnlichkeit:
den Körper ausgelöst, steht eine Wand.

IX

Den Körper ausgelöst, steht eine Wand
von dichtem Nebel. Doch du hörst ein Stampfen:
wie Stein auf Stein trifft, aufgeschwemmter Sand
nach Grund sucht? In dem langsamen Verdampfen

der Nässe aus den Quallenkörpern, Pieren,
verstreuten Algen, flachen Muschelwehren
erhebt sich Land – ein Anflug, wie von Tieren,
die hungernd am Gezeitenabfall zehren.

Hier weitet sich das Meer: ... die graue Glut
der Gischt, noch Stunden weit entfernt – wie Flecken
in deinen Augen, aus sich selbst die Flut

erfindend, die das Eiland überzieht?
Wie sieht es aus, das Riff zermalmter Schnecken?
Du denkst dir: weiß, damit der Tod nichts sieht.

X

Du denkst dir: weiß, damit der Tod nichts sieht.
Ins Eis auf den zwei Tafeln, übers Jahr,
wo außer Gletscherwachstum nichts geschieht,
ist das Gesetz geschrieben: es wird wahr,

indem ein Mensch erscheint (vor jenem Riß,
der einem Felssturz folgt) ... und weiter geht,
wie eine Spur im Schneefeld, ungewiß
zurückweist und in ihrer Mitte steht.

So kannst du nichts entziffern, die Moränen
sind blind wie du vom harten Licht. Es brennt
den Grat mit seiner Nadel aus, die Strähnen

von Windholz schwelen ohne Widerstand.
Du suchst, wo dich ein Sprung vom nächsten trennt,
den festen Grund zu finden, mit der Hand.

XI

Den festen Grund zu finden mit der Hand,
schreibst du den Schädel eines jungen Stieres,
kursiv im Feuer, an die Höhlenwand:
erschienen in der Menschgestalt des Tieres.

Der zweite Laut ist die geschrumpfte Zelle
aus Lehm, worin du erstmals sagtest: »Leere«.
Du schreibst, wie Farne schreiben an der Schwelle
des Nachtlichts, nastisch: Erdenschwere...

Du schreibst Hyänenspuren, zu bestimmen
den Abstand des Geschriebenen als Maß
der Zeit, bis sie zu einem Punkt verschwimmen...

Im »V« der Kraniche, wie Augenschlitze
von Schlangen, eine Flammenspur im Gras,
mißt du ein Dreieck aus, erstarrte Blitze.

XII

Mißt du ein Dreieck aus, erstarrte Blitze?
Das Auge Gottes auf dem Hochaltar?
Ein Stollen, anders: Gleisstrang... Diese Ritze
weist blind nach außen, ein Itinerar

von Wärmeflecken, Hall im Lautasyl,
in leer erstrahlten Tunneln, in dem Wort
des Toten: »Folge mir!«... Selbst das Gefühl
für Fremde schwindet, hautfern dieser Ort.

Zwei Streben Holz... Doch nichts erklärt den Schnitt,
wo in dem trüben Fenster dieser Raum
als Zeitriß klaffte (morgen...), vorwärts glitt

er (... gestern) in sich selbst zurück. Verriet
dein Blick nur einen sinnverwandten Traum,
in dem das Kreuz die Striche weiter zieht?

XIII

Indem das Kreuz die Striche weiter zieht,
erkennst du Stege... weithin in das Meer
aus Harsch und Kies. Ans andre Ufer flieht
ein Bagger, teilt das Land in *Leicht* und *Schwer*.

Dein Rufen, unerwidert, sang der Wind:
kein Rauschen kam von innen, keine Erde
taut aus dem Schnee hervor, kein Flechtengrind
bedeckte Stümpfe... daß es wärmer werde.

Doch dann im toten Winkel? Und verzweigt
als Anfang, schwarzes Licht der Sporen, Ohr,
das sich hinab in Sandsteinrisse neigt,

wächst ein Myzel, in eins das A, die Litze,
mit dem zersetzten O... am offnen Tor
wird es zum Fluchtpunkt, Tiefe einer Skizze.

XIV

Wird es zum Fluchtpunkt, Tiefe einer Skizze?
Zur Wand? Nur langsam atmen: Luft ist eins
und kann entweichen . . . aus der kleinsten Ritze.
Der Raum ist ein Gebet, ist darin keins

und spricht doch seinen Umriß in die Nacht:
»Ich bin, bin nicht, ich bin . . .« Und du erkennst:
es ist kein Raum, es ist die Wand – gedacht
als Gußform, Gips, den schürfend du zertrennst.

Dir pocht es in den Ohren: deine Laute,
die du hervorschlägst, Klirren oder Tiefe,
sie sind die Last von außen, der gestaute

Geräuschfluß (. . . Hämmern, dieses Nehmen-Geben,
durch das dein Pulsschlag, sich erinnernd, liefe . . .),
wie Nägel in den Gliedern Gottes, Streben.

XV

Wie Nägel in den Gliedern Gottes, Streben
in einer Höhlung, die verschlossen ist:
siehst du ein Ur-Herz, Zellen? Sie ergeben
den virtuellen Raum, in dem du bist.

Die stete Öffnung, Weltall der Pupille,
du spiegelst sie wie eine Korrektur ...
zu einem Bild, in einem Bilde, Stille,
da nichts mehr da war als die Steinfigur.

Den Körper ausgelöst, steht eine Wand.
Du denkst dir: weiß, damit der Tod nichts sieht.
Den festen Grund zu finden, mit der Hand,

mißt du ein Dreieck aus, erstarrte Blitze.
Indem das Kreuz die Striche weiter zieht,
wird es zum Fluchtpunkt, Tiefe einer Skizze ...

Anmerkungen

S. 12: Caput mortuum – In der Alchemie galt es, die in ihrer Mischung zur Gestalt findenden Elemente auszuziehen und hermetisch abzudichten, um in den Besitz des geistigen Urprinzips, der Quintessenz, zu kommen. Nach deren Ausscheidung blieb in der Retorte ein Ascherest, das »caput mortuum«.

S. 17: in dem Zelthäute hängen – Die vereinzelten Akazien in der Sinai-Wüste bilden Tabuzonen, in die Beduinen ihre Winterzelte hängen, um sie vor Diebstahl zu schützen.

S. 27: Angebrochene Hälse – Das Gedicht verwendet Motive aus dem Lukasevangelium, Kapitel 5, Verse 17-26 (begegnet in einem Gedicht von S. Heaney, Das Oberlicht, Dt. von D. König und G. Bandini).

S. 29: Sie blinzelt – Für Mirjam Richter.

S. 38: (1939) – Bewegt von den Meditationen über das Glas des chinesischen Dichters Ouyang Jianghe, Die Glasfabrik.

S. 43: b-r-sch-t – Konsonantenzeichen am Anfang der hebräischen Bibel.

S. 51: ... warfst du ihm Brocken zu, wenn dich hungerte ... – Von einigen Mystikern wird berichtet, daß sie seltsame, halb streunende Hunde im Gefolge hatten, denen sie gaben, was sie selbst in der Askese entbehrten: unreine Tiere, vermutlich als symbolische Spiegelungen der eigenen Seele verstanden.

S. 64: Sik – Einziger Weg nach Petra, eine von fast lotrechten Wänden umschlossene Schlucht, an deren Ende die leuchtende Fassade eines Grabmals (el-Jarra, die Urne) den Zugang zu den Ruinen eröffnet. Bilder und Steinmale des nabatäischen Gottes

Dushara säumen, immer menschenähnlicher und hellenisierter, den feuchten Gang.

S. 65: Ed-Deir – Arab.: das Kloster, Grabtempel des vergöttlichten, nabatäischen Königs Oboda III. auf einem Felsrücken in Petra.

S. 72: Djebel Serbal – Gebirgsmassiv im Sinai.

S. 80: Prora – Fischerdorf auf Rügen, das einem kilometerlangen Gebäudekomplex des KdF und der Wehrmacht, später sowjetischer Truppen und der NVA, den Namen gab.

S. 84: Charapereseneb – Ägyptischer Autor des Mittleren Reiches, der erste »scrittore tormentato«, von dem die Literaturgeschichte weiß. Seine Qual besteht in der Vereinsamung, die mit einer Schriftkultur einhergeht: sie zwingt den einzelnen, über den buchstäblich markierten Bruch in der Zeit hinweg, mit etwas »Eigenem« gegenüber der Tradition zu bestehen.

S. 99: ... schreibst du den Schädel eines jungen Stieres... – In den frühesten Alphabetinschriften im vorderorientalischen Raum wurden Bilder angeordnet, die Laute bezeichneten. So war das Aleph ein Stier, das Beth ein Haus.

Inhalt

I

II

III

Deutschsprachige Literatur
in der edition suhrkamp:
Lyrik

302/1/12.96

Deutschsprachige Literatur
in der edition suhrkamp:
Lyrik

302/2/12.96